人生の主人公となるために

谷口清超

日本教文社

人生の主人公となるために

目次

愛と光の扉

勇気の扉

自立の扉

謙虚さの扉

向上の扉

希望の扉

主人公の扉

生き甲斐の扉

人生の扉

智恵の扉

祈りの扉

愛と光の扉

1　光を歩もう

春は新生のときである。太陽がその輝かしい光を、万物におしみなく与えはじめ、固い冷い氷もとけはじめる。「光」がよろこびをもたらし始めたのだ。

そのように人生には「光」が必要だ。それは物質の光のみならず、「魂の光」である。明るい希望であり、大いなる理想の光だ。

人生は単に食ったり、飲んだり、儲けたりするためにあるのではない。そこで大いに働くためである。働くとは、即《すなわ》ち神意を実現することだ。内在の力を現わし出し、人々を愛し、国を愛し、全世界に光を与えることが「働く」ということである。

何も一人で何もかもせよというのではない。どんな小さな仕事でも、意義あることをコツコツやればよいのである。仲間をつくり、この人達とも一つの心になって、共通のよき目的のために奉仕するのだ。

「光」を求めている友に、ドシドシ光を与えることだ。それは希望の灯だ、愛の伝道だ。ニセモノの仮面をひっぺがして、真実の世界、「神の国」を実現することである。そのためには、どんなに小さくてもいい。生き甲斐のあることをやろう。誠実に、自己をいつわることなく、明るく、そして真剣に。

2　大志を抱け

青年よ、大志を抱け。大志とは、自己の栄達ではない。金銭欲や、名誉欲でもない。そんなものは、大志ではなく、チッポケな小志である。取るに足らぬ欲望だ。

真の大志は、神の意志だ。それは神の愛の御心であり、神の秩序のことである。その神の意志をわがものとしたとき、はじめて青年は「自由の身」となる。彼はもはや、肉体人間ではなく、霊による生まれ変わりの人間である。神聖受胎者《じゅたい》であり、聖霊であり、神の子であるのだ。

神は全ての人々を愛し給う。それ故、青年もまた万人を愛するのである。自分に好意をもち、自分を認めてくれる人だけではない。自分に対して敵の如くあらわれているものでも、大志を抱くものは、愛さねばならぬ。

それを愛し、その人の実相*をあらわし出そうとつとめる時、人間の大志は神の意志と直通し「実相」が顕現するのである。

愛するとは、片々《へんぺん》たる好き嫌いの感情ではない。そんな感情に押し流されながら、「われは大志をもつ。今に見ておれ」といくら力《りき》んでみても、それでは〝蟷螂《とうろう》の斧《おの》〟にしかすぎないことを知るのである。

＊　実相＝神によってつくられたままの完全円満な本当の姿。

3　窓をあけよう

あなたは今の生活に満足しているか。「満足している」と答えても、「不満足だ」といっても、それは要するに大したことではない。前者はすでに与えられている部分に注目しているからであり、後者はまだ与えられていない箇所を指しているからだ。

いずれにしても、百パーセント満足はしてはいない。しかし、不満足の部分に引っかかって、それのみをみつめて、満足が広がるはずはない。それはあなたが押入れに頭をつっ込んで「暗い、暗い」と叫んでいるようなものだからである。

そこを明るくするには、〝この姿勢〟ではだめだ。いさぎよくそこから身を転じて、太陽をさがすのだ。窓をあけて、光をさし込まさなければならぬ。

太陽とは「神」だ。神にのみ完全な満足がある。そこから放射されている「光」が、どこかに必ずある。その「光」つまり、よろこびや恩愛を、あなたの周囲に見出しつつ、どこまでも「光」を拡大して行く行動を、強烈に展開しなければならないのである。

4　太陽の如くあれ

青年よ、太陽の如く輝くのだ。台風の如く強烈に吹け。波濤《はとう》の如く勇敢であれ。青年よ、鳥の如く自由自在に大空を駆け巡れ。花の如く美しく咲くがよい。甘く香《かぐ》わしい蜜をタップリ生産して、蜂や蟻を雲集《うんじゆう》せしめよ。限りなく魅力ある人間であるのだ。「いと小さきもの」を粗末にするな。それらを暖かくやさしく呼び寄せ、神の聖なる甘き蜜を思い切り吸わせるのだ。

青年よ、巨木の如くたくましく立て。烈風に吹きすさばれても、決してへこたれるでない。ますます味よく、柔軟な姿勢で生長せよ。そして又大洋の如く宏大無辺《こうだいむへん》であれ。深淵《しんえん》の如き叡智《えいち》をもち、大地の如く広きアイディアをもち一切の汚穢《おわい》を包容せよ。しかもこれらを浄化し、吸収して肥料と為すのだ。

若人よ、あなたは「大自然」そのままだ。あなたの中に「大自然」という神がある。神はあなたという大自然を作りたもうて、創造の最後の仕上げを成し遂げられたのだ。若人よ、勇気をもって、美しく、たくましく、まっしぐらに前進し、『理想世界』を拡大せよ。

5　真の日本を愛するために

若人よ、あなたは、無限力の持主であることを知っているか。知っていても、果して信じているか。「信ずる」ところまで行かなければ、その力は出て来ない。そして信ずるということは、まさに宗教の領域であって、単なる哲学や倫理や道徳ではないのである。

あなたは日本を愛していると思うかも知れない。それはあなたが日本を信じているということと同じだと、あなたは思うだろうか。真の日本は現象的な日本ではないのである。あなたのとらえただけの浅い日本の歴史や戦争物語は、本当の日本の実相とはちがうのだ。その「実相」を信ずるのが、真の日本への愛である。ところが現象の浅い日本を「好きだ」というだけでは、その愛は本物ではなく、偏《かたよ》っていて、何となくいびつである。

そのような偏った思いから、さらに深い実在へと信と観を進めて行かなければ、本当の日本が現われて来ない。そしてあなたの愛の無限力も出て来ないのである。

いずれにしても吾々が生長の家の運動をするのは、イデオロギーや思想を伝えるのではない。真を信じ行ずるのである。その行の中に伝道が含まれている。従って、自分の主義主張を、ただ単に説くのではない。共に祈り、神想観*をし、聖経*を読誦《どくじゅ》する人々の組織を拡げるのである。

ある人は若い情熱を湧かして先人の遺徳をしのび、憂国の思いに涙したというが、それではまだ信仰にまでは達していない。国を憂えることは無信仰の者にもできる。しかし本当の神を信じ、その神が渾《すべ》ての渾てである事を信ずる者は、無信仰者ではありえない。そしてその絶対信仰の人々が、真の大和国日本を知り、天皇国日本、真理国なる実相世界を自覚し、本当の意味での日本と全世界、全宇宙を愛するのである。

＊ 神想観＝生長の家独得の座禅的瞑想法。詳しくは、谷口清超著『神想観はすばらしい』、谷口雅春著『新版 詳説 神想観』（いずれも日本教文社刊）参照。
＊ 聖経＝『甘露の法雨』などの生長の家のお経の総称。

6　心は通じ合う

乗馬に堪能な人の話では、馬に話しかけるとよく通ずるという。それはコトバの意味が通じるというより、心が通じるのであろう。外国の馬に日本語で話しかけても、通じる。すると外国人に日本語で話しかけて通じないはずがない。何故なら、人間より馬の方が人のコトバをよく理解するというのは不合理だからである。

ところが現実には、外国人にコトバが通じないという人が沢山いる。又外国人が話しかけても、通じなかったという人もいる。それは「通じない」と思っているだけであり、そう思うと「通じるまで話をする」ことをやめるのである。それどころか、外国人と見ると、一言も交さず逃げ出してしまう人もいる。つまり人と人とは、コトバも心も通じるのだ。ところが友人と心が通じないとグチをこぼす青年もいるし、親兄弟と心が通じないという人もいる。

それは全て「通じさせていない」のであって、本当に通じないのではない。人と人は勿論《もちろん》、動物にも、植物にも心は通じる。さらには時計やカメラや自動車にも通じ、そのものを「永持ち」させ、「健全にする」。その根本は、こちらに愛があるかどうかである。しかもその愛が、開かれた状態であるか、それとも凍りついたように凍結しているかどうかである。

全て愛は開かれて表出されなければならない。あなたの将来が輝かしいものとなるためにも、愛の凍結を解くことが先決である。そのためには、日々の神想観が最適だ。あなたの中に神の愛がみちあふれ、それがほとばしり出て、全ての人々、あるいは特定の人や物に流れ入ることを、心の中にアリアリと描くのだ。するとあなたの実相は必ず開顕されるのである。

勇気の扉

7　恐れを恐れるな

もしあなたが何事かを恐れているなら、あなたはそれに打ち克《か》つことができる。何故なら、あなたは「神の子」だから。神の子に不可能はなく、神の子をおびやかす何ものも実在しない。実在しないのに、あたかもあるかのように思うのは、それは単なる錯覚である。あなたが見る夢のようなものだ。あなたが時々見るかも知れない劇マンガのようなものだ。いかにもあるようでいて、どこにもありはしない。あなたが恐れている対象もそれと同じだ。いかにあるようでも、全然ないのである。

そのないことをハッキリ知るためには、夢から覚める他はない。そのように、あなたは現象から目覚めるのだ。そのためには神想観をする。これを毎日やれ。そうすれば恐ろしいものなんかなくなる。

こんなすばらしい方法があるのに、それをしないで、毎日恐れおののいているのは、よほど神想観を恐れているのだろう。がこれではもう、どうにもならない。

だからそういう時は、恐れていてもやる。恐れることを恐れるよりは、恐れることを恐れないで、「恐れたままでやる」のだ。人に会って話すのでも、試合でも、練習でも、恐れて恐れて、ガタガタしながら、そのガタガタを楽しんでやれ。ふるえながらやるのも、また一興ではないだろうか。

8　しりごみするな

もしあなたが真の青年なら、何事にも弱音《よわね》を吐《は》いてはいけない。あなたは強者であり、凡《あら》ゆる可能性に富む者だ。赤ん坊よりも力があり、老人よりも体力がある。これからどんな者にでもなれるし、どんな困難にも耐える力を持っている。あなたの未来は、まだ開かれていない劇場の、きらびやかな緞帳《どんちょう》の奥に隠されて、開演を待つ。人々は固唾《かたず》をのんで、何が現われるかを、見守っている。

だからあなたは、謂《い》わば人生の主役であり、未知の作者である。あなたの心の中にある思いで、自由自在にあなたの歴史を作り出し、舞台を限りなく壮麗《そうれい》に飾るのである。人々は皆、あなたの才能と、無限力に期待する。あなたが、あなた自身の可能性を、思う存分発揮してくれることを、心の底から祈りつつ、見守っている。

それ故、あなたは尻込みしてはいけない。出しかかった情熱を引っこめたり、口ごもったり、食卓の上の何をたべようかと、へドモドしてはいけない。勇気をもって、手当り次第、遠慮なく、のみこんでしまえ。

9　恐れずに行け

ドーバー海峡を泳いで渡ろうとして失敗した日本の女子学生がいた。何故それがドーバー海峡でなければいけなかったのか分らないが、多分そのへんに住んでいたのだろう。とにかくこうして気軽に何でもやって見るのは結構だ。たとえそれが失敗に終っても、きっと本人は何か貴重なものを得たに違いない。失敗なんか、どうということはない。又やりなおすことだっていくらでもできるから。

人がもしあまりに失敗を恐れていると、やりたいこともやれなくなる。そして遂にこの世を終ろうとする時、「失敗を恐れて、何もしなかった」という大失敗をおかしたことを慚愧《ざんき》して死ぬ。

運動をやる時もこれと同じだ。猛烈にやれば、多少失敗することがある。摩擦もあるかも知れないが、それを恐れて何もしないでいては、一向に進まない。時々「調和している」といいながら、何もしないでいる人がいるが、これでは神意に叶わない。ということは「神に大調和していない」つまり最もイジケタ生き方であり、最も卑怯《ひきょう》な、いさぎよくない生き方である。わが愛する青年たちよ、いさぎよく生きよ。失敗なんか恐れるな。天国までも、泳いで行け。

10　困難の仮面

もしあなたが青年であるなら、如何《いか》なる困難にも打ちひしがれてはならない。困難をモノともしない若々しい力に満ち溢れているのが若人だ。「若い」ということは、「力がある」ということだ。力士でもボクサーでも、年齢が過ぎると力が出ない。がしかし若い者には力がある。困難に打ち勝つ力も又体力のようなものだ。あなたにはそれがある。

あるけれどももしそれが出ないとすれば、それはあなたが出さないからだ。力が出ないのは、相手を恐れるからだ。あなたも困難を恐れてはならない。困難は怪物でもなく、化物《ばけもの》でもない。それは遠くから見ると「困難」らしく見えるだけの「友人」である。この友人はあなたが近づけば「困難」の仮面をはいで、真の友人らしくあなたを助ける。あなたがもし困難を恐れて近寄らず、オズオズしていると「困難」はいつまでも面白がって困難の仮面をかぶり通す。

鬼の面をかぶった者も、実はただの人間だ。悪魔の仮面の下には、あなたの友人が隠れている。ただあなたを恐れさせているだけ。それはあなたの中にある「勇気」を奮《ふる》い立たせるためだ。あなたは「困難」の仮面の前で後込《しりご》みをしてはならないのである。

11　強くたくましく

何事によらず、集団の力ばかりを頼って、ひとと同じ行動しかとれないような弱虫ではいけない。池の中の水鳥のひなは、弱いからこそ親鳥のあとをついて泳ぐ。それは幼鳥の間だけのことで、やがて「自分が親になる」時を迎えなくてはならないのである。

全てよい事をするには勇気がいる。最初は友人と一緒にやるとやりやすい。けれども、やがて独りでも出来るようになり、さらに進んで新しい仲間作りをすべきである。そしてその仲間がさらに独立して仲間作りをすることを応援してあげる。こうして愛行のサークルや会はどんどん発展し、組織を拡大して行くことが出来る。

それを阻害するのは、弱さであって、組織力の強さではない。こうして何時の間にか組織や愛行が一定の線で動きを止める。その発展の止った理由を「幹部が転任したから」とか「幹部が卒業したから」などとする、実に心もとない言い訳が登場する場合がある。

どの社会にも、転任もあれば新入もあり、卒業もあれば入学もある。このように生々として躍動している社会の中で、よい事をする運動をするためには、〝弱さ〟を理由付けしてはならぬ。弱いということは、美徳ではないのである。弱々しい神など、どこにもいない。弱々しい神の子という考えは、弱さを平和と錯覚し、無気力の病人を「善人」と考えるのと同じ、全くの迷妄心《めいもうしん》に由来している。

12　力を出す

あなたの力を、周囲の人々の幸福のために、少しでも分ち与えよう。ある日の新聞に、年とった夫婦の感謝のコトバがのっていた。電車にのると満員だったが、一人の青年がツと立上って「どうぞ」と言って席をゆずってくれた。すると隣の席の青年も同じように「どうぞ」と席をゆずってくれたという。

青年たちはかなり疲れている様子であったが、気持よく席をゆずってくれたので、自分たちも心から感謝して、その席に坐らせて頂いたというような内容であった。これは簡単な行為のようであって、決してそうではない。自分も坐っていたいところを相手に与えるのだから、勇気がいる。それをやりうるのが真の「青年」だと言わなくてはならない。

青年は、力をもっている。その力を出しおしみしてはならぬ。又、その力を出すには練習が必要である。どんな天才も、その力を出す訓練なくして才能を発揮した人は一人もいない。

練習には困難もあるだろう。失敗もあるだろうが、それらをおそれていては、何も出来ない。あなたがこれから永い人生を生き抜くためにも、今こそ訓練のチャンスである。今のうちなら失敗をとりかえすことが出来る。困難を悦びと楽しみにかえる力も、あなたの中には豊かにみちあふれているのだ。

大いにやろう！　あなたの力を出しおしみするな。快楽や物欲に、あなたの良心を屈服させるな。屈服の練習ではなく、大成の練習をやろう。倒れても、又立上り、たくましく前進する身心の訓練を積み重ね、より多くの同志を作り、日本を光り輝く「理想世界」にしなければならない。

自立の扉

13　感動を与えよう

あなたはあなたの使命をあまりにも安っぽく見てはいないだろうか？　あなたは単に、有名校に入り、有名会社に入り、かなりの金額の給料を手にするために、この地上に生をうけたのではないのである。

あなたがこの世に生まれて来たのは、あなただけの幸福や、あなたの家の発展だけのためではなく、全ての人々のためになる働きをするためだ。いや、人間ばかりではなく、ありとあらゆる生き物を幸せにするために生まれて来た「天の使い」である。

しかしその天の使いも、我欲という迷妄にくらまされると、「天の使い」の使命を忘れ、あたかも雲にかくれた名月の如く、あるのかないのかも分らぬ存在になり下る。

あなたが有名校に入り、有名会社に入っても、それで世の中がよくなる訳ではない。何故なら、それは電車に乗った時、あなたが一番よい席に腰かけても、人々が幸せになったわけではないようなものだ。がその時、あなたが脚の不自由な老人に席をゆずるならば、あなたは何故か人々に幸せな気持を与え、美しい感動を与えるのだ。

それはあなたが有名校をすべり、有名会社を退職することを意味するのではない。ただあなたは、「よい事」をし、人々に感動を与える人間になればよい。あなたが「天の使い」であることを身をもって実証することである。

14　幼な児の心で

青年よ、あなたは、幼な児と、どうちがうか。自立できるか、それとも、まだ母親の乳房が必要か。自立できると思っても、まだ経済的に独立していない人々もいる。

人にはそれぞれの成長段階に於《お》いて、それぞれふさわしい生き方がある。その生き方に徹しよう。もし幼な児が、独立宣言をして家をとび出したら、とんでもない失敗をやる。中学生には中学生の、高校生には高校生の生き方がある。その正しい生活法に徹しよう。

「今を生きる」心が、正しく展開されれば、必ずそうなるのだ。小学生にとって正しいことでも、大学生には、ふさわしくないこともある。社会人になっても、まだ幼な児のように、親のもとを離れることができず、両親に付添ってもらわなければ、何もできないようなことではだめである。

しかし、人間はいつも「幼な児の心」を失ってはならない。それは神の国に入るための最良の条件だ。素直な、白紙のような、純情と、誠実、そしてさらに感動することのできる心を失ってはならない。自立とは自我をつっぱらせることではなく、「幼な児の心」で自立し、神に自己を全托して、明るく生きることである。

15　伸々と生きよう

今までやろうとしても出来なかったことをやり遂げよう。失敗してもなおかつやろう。まだやり直しがきく。あなたの人生はこれからだ。何も恐れることはない。あなたの中には「無限」がある。それが「神の子」ということだ。

時々「神の子が信ぜられません」という。がしかし信じようが信じまいが「神の子」であることに変わりないから、安心してやるべきことをやれ。すると次第に信じられるようになる。例えば毎日『甘露の法雨』を読む。これは信じなくてもできる。父母に感謝する。これも「神の子」を信じなくてもできるだろう。そうやっているうちに、必ず自分の中に隠れているすばらしいものが次々に現われて、「なるほどこれが神の子か」ということになる。

あなたはこれからとても楽しい未来をもつ。それは大人や老人にはない特権だ。だから感謝してドンドンよいことをしよう。一日に一つでもよいことをして、人のために尽そう。国を愛し、人を愛し、気持よく、伸々《のびのび》と生きよう。恐怖心や疑い心を、恐怖することをやめよう。恐れることを恐れないで、そのまま明るく素直に生きて、素晴らしい人生を送ろうではないか。

16　背中が語る

青年よ、正直であれ。たくましくあれ。自己を飾るな。見せかけだけの人間になるな。上役にはコビへつらい、下役には上役の悪口をいい、間に立って、どちらにもいい顔をするようなものは、やがて失脚する。

自分だけいい子になるな。そのために人をおとしいれてはならぬ。バケツの中のカニが、仲間の足を引っぱって、自分だけがはい上ろうとする、そんなカニ的人間になるな。

時には、人のふみ台になってやる大きな心をもて。菩薩はそういうことをする。寺の小僧《こぞう》が夜遊びをして、こっそり帰って垣根ごしに庭にしのび込もうと、足台に足をかけたら、その足台がムクムク動いた。みると和尚《おしよう》さんが背中をかしてくれていた。それっきり夜遊びをやめたという話がある。

人間の背中は、大きな仕事をする。父親は背中で子供に生き方を教える。あなたの背中は、仲間に、何を語りかけているであろうか。

17　聖使命を担う人

ある青年は、青年会活動に入り、組織活動をリードしていた。彼はオルガナイザーとして、きわめてすぐれた能力を示した。長年青年会の幹部として努力し、やがて年齢を重ねて、政治活動に身を挺した。そして又同じく極めてすぐれた実績をあげた。

しかし時機が訪れ、彼には教化活動に出動することが求められた。最初彼は、自分にはその能力や適性がないと思って、とても躊躇《ちゅうちょ》した。けれども自分がこの真理を教えられ、それを実行した事によって今の健康を得、人生の目的を見出したことを反省し、思い切って教化活動にとびこんだ。その結果、以前と同様にすばらしい力量を発揮して、グングン実績をのばしたのである。

あなたも彼のように、必要に応じてあなたの中の無限の可能性を伸ばすことが出来るのである。しかしその無限力を、あなたはまだ実感していない。それは丁度、赤ん坊が自分の中にかくれている才能や適性を「知らない」ようなものである。子供に対し、プールに飛び込めといっても、

「出来ないよー」

と泣き声を出すかも知れない。しかし彼が本当に出来ないのではなく、ただ自己限定してやらないだけである。思い切って飛び

込めば、誰も彼を見殺しにする者はいない。必ず助力者があらわれ、彼の泳ぐ指導をしてくれるのである。

人生はこのようにして次第に展開する。あなたに要求される課題は、あなたには出来ることであり、これから学ぶべき価値ある事ばかりである。だから思い切って飛び込むのだ。泣いたりわめいたり、尻込みしたりするものではない。それでは五、六歳のガキと同じであろう。あなたはもう立派な聖使命の担《にな》い手なのだ。

18　神にのみ従え

徒党を組まなければ、何事もようしないような弱虫になるな。人がすれば、自分もするが、他人がしない事は、ひとりでようしないのは、弱い動物か幼児たちの習性であり、諸君の年令にはふさわしくない。

堂々と一人で歩け。他の人が、どんなに多く悪事を働いても、あなたはやるな。それればかりか、一人でも二人でも、その悪事から救い出そう。仲間外れになることをおそれるな。そうすれば、仲間も出来る。

天才はひとりで歩く。キリストも釈迦も、わが尊師*も、天上天下独尊の道を歩まれた。その教えを真に実行しようと思うならば、他人のおもわくや、つまらぬ噂にウロチョロするな。言いたい者には言わしておけ。ただ神のみ声のみに従え。それが「信仰」だ。

信仰を、誰かの言う通りをマネすると思ってはならない。それでは、ヤクザの親分の言う通りを実行し、クラスのガキ大将の言う通りをやる「万引の仲間たち」も、信仰者ということになるだろう。マルクス主義者も信仰者であり、易者のいう通りを実行する人も信仰者ということになる。

本当の信仰とは、神に対する信仰であって、人の言う通りをマネするオウムや九官鳥を言うのではないのである。

＊　尊師＝生長の家の創始者、谷口雅春大聖師。昭和六十年、満九十一歳で昇天。主著に『生命の實相』（頭注版・全四十巻）聖経『甘露の法雨』等がある。

謙虚さの扉

19　差別と平等

あなた方は、世の中に甘えてはいけない。あなた方がもし、何時までも赤ん坊でいるつもりなら、それもよかろう。しかしもうあなた方は赤ん坊ではなく、立派な少年であり、青年だ。もしかするとあなたは今迄の教育で、人間は平等だ、誰でも早い者勝ちに席に坐れると習ったかも知れない。しかし実社会は、そんなものではない。いくら平等を要求しても、社会はあなたを、能力に応じて取扱う。あなたが人を押しのけて前へ進み、座席を占領しても、あなたは上司に、その席を譲らなければならぬ。いや、その前にあなたは、「自分の席を、老人や婦人に譲る」ことを学ばねばならない。

平等ということは、早い者勝ちや、クジ引きできめる制度ではない。平等とはもっと人間性の奥底の問題だ。人格の平等、神の子としての平等であって、肉体として現われてくれば、全て不平等になる。男と女とはちがう。形が違い、姿が異り、その心情もちがう。だから、その違いにもとづいて、お互いの平等の神性を尊敬し合うのである。あなたが社長と同じ月給がもらえないのも、このためである。差別があり乍《なが》ら、しかも平等なのだ。

20　大声で泣きわめけ

あなたは何時の間にか、おごりたかぶっている。あなたはいつしか先輩顔をし、友をけなしている。世間体《せけんてい》という、いやらしい尺度で、ものを見る。しかしそれは本当のあなたではない。

あなたは生まれたての赤子のようなものだ。ただ無心で泣け。そうすれば、どこからか乳が与えられる。もっと大声で、力一杯泣け。そうすれば、人も集まるし、手助けも来る。まだ、あなたは乙《おつ》にすましている。泣き方が足らないのだ。

つばめの子が、大口をあけてなき叫んでいる。すると親鳥が飛んで来て、餌《えさ》をくれる。でたらめに与えているように見えるが、そうではない。一番大口をあけて、力一杯鳴いている子つばめから餌を与える。それが一番腹をすかせているからだ。

あなたも、大口をあげて泣け。力一杯、のどが赤くなるほど叫べ。あなたの泣き声は、こう聞こえるだろう。

「人間は、素晴らしい、みんな神の子だ、ワーッ」

21　傲慢であるな

青年はまだこれから色んなことを学ばねばならないから、若いうちから傲慢《ごうまん》になってはいけない。傲慢になると、それ以上向上することがなくなるからである。そうなるとまるで「青年の干《ひ》物《もの》」ができあがる。これは悲劇的なこと。

人が傲慢になると、不思議にも他の人が傲慢に見えてくる。それは自分の傲慢が人の傲慢とぶつかるからである。

人は自分の心で人を判断するから、自分の傲慢さが人の傲慢さを引き出す。それは嘘つきが人を嘘つきと言い、悪人が悪人ばかりと付き合って、「世の中は悪いやつばかりだ」と嘆くようなものである。

一方仏はあらゆるところに仏を見出して行く。あの人もいい人だ、この人もいい人だと思えてくる。こちらの仏心が相手の仏心を引き出すからである。この仏心は又、「おれはもう仏だ」などといばらない。わしは先生だぞなどとも言わない。もし若者が「先生」などと言われていい気になったら大変だ。吾々はどこまでも「生徒」でいたい。生徒だと伸びるのである。

そして「生徒」も「先生」の役をしなければならないことが度々ある。「私は先生だ」と思い上がるのと、「先生の役をする」のとは同じではないのである。

22　非難の空しさ

ある人が生長の家の運動を非難するからといって、心配する必要はないのである。人はまだ未知の段階では、色々と文句をいうものである。しかし知が深まり、愛が深まるにつれて、全てのものの本質が判って、今まで非難して来た自分の愚かさが、ひどく悔《くや》まれて来る。

ある青年は、天皇陛下のことを「税金泥坊」と教えられ、天皇を誹謗《ひぼう》する日々を送ったのであった。しかし天皇陛下が自分のいのちも財産も投げ出されて、国民の幸せのために尽されたというマッカーサーとの御対面の事実を知り、深く悔い改めるようになった。天皇についての無知が、彼を非難への迷妄にふみ惑《まど》わせたのであった。

そのように、人々は未知なる時には、神をも誹謗するのである。「神なんかいるものか」「いるなら出て来てみろ」と叫んで、天に唾《つばき》する。しかし、神は彼の前に姿も現わさず、一言も叱られず、ただ沈黙の中に、彼にも生きることをゆるし給い、心臓を動かし、彼の家族を支え、天日を輝かし、大地にも安住させ給うのである。

そのように未知なる人々は、恩を仇《あだ》で返し、愛を憎しみをもって冒瀆《ぼうとく》する。このように非難していても、彼の心は空しいのである。それは内なる本心が、非難することの空しさを告げ知らせるからである。彼らは、不平不満、非難、罵《ののし》りが、どんなに空しく、無力なものかを、心ゆくまで味わうのである。

それまでの間に、非難の応酬が昂《こう》じて、戦争や闘争に到る実例も数多くある。それは相対者間の非難が自壊するところの過程である。しかし生長の家は、相対的存在ではなく、神の国の運動であり、人類光明化運動であるから、ただ光り、ただ与え、拡大し、活動し続ければ、それでよいのである。あとの始末は、全て神の御力が適当に処理なされるのである。

23 バトン・タッチ

現代の青年はなっとらん――という人もいるが、私は決してそう思わない。洋の東西を問わず、青年達は昔からそう言われてきたのである。しかし、社会は堕落と崩壊へと進まず、ある面では進歩し向上した。それは過去の青年たちの中に、「良識」があったからである。

いや、良識以上の神性があり、仏性があったのだ。それは決してなくなるものではなく、風習・言語・態度の相違を越えて永続するのである。しかしこの神性なるものの実在は、安心して放置していてよいものではない。青年達は自《みずか》らの力でこれを発掘し、顕示し、高揚しなくてはならないのだ。

過去の青年達は、みなそのようにして努力し、やがて中年となり、老年となり、後に続く者にバトン・タッチしてきたのである。このようなバトン・タッチなくして、人類の進歩はあり得ない。そのバトン・タッチのためには、前走者と後走者は、バラバラでいてはいけない。急速に、共に走り、完全にその方向も速度も一致する所がどこかになければならぬ。だから、青年は、大人たちの激励の声に耳をかたむけよ。その期待と信頼を裏切ってはならないのである。

24　素直な心

あなたの中には実に素直な心がある。だから私の言うことをよく聞いて、今までの生活を立て直してくれるだろう。この素直さがある限り、あなたは必ず幸福になり、成功し、有意義な人生を送るのだ。

人は誰でも最初から何でも知っているものではない。だから沢山は知らなくてもいい。しかし教えられた善い事は、必ず実行しなければ駄目だ。「いつか機会が来たらやろう」などと思わず、今すぐやる。すると必ずうまく行く。チャンスは常に「今」である。

私の忠告を聞いて、ある少女は髪を切った。そして今までの偽《にせ》ものの自分と決別し、忽《たちま》ちすばらしい少女になってくれた。この行動力は若い人の特権だ。あなたが若いというのは、善いと思ったことを素直に実行する、その行動力なのである。

もしあなたが青年であるなら、今までの悪習慣を今すぐふり捨てよ。その力はあなたの中に豊かにある。それを少しでもとり出すと、次の力が出番を待って自然に飛び出す。こうして次々によい事が起り、あなたの実相が現われ、あなたは「神の子」の実力を無限に現わし出すのである。

向上の扉

25　もっと訓練しよう

青年よ、大きくのびよ、たくましく、偉大となれ。父母を追い抜いて、どこまでも成長せよ。いいかげんのところで止るな。もっとがんばれ、力を出しおしむな。

そのために先ずあなたは「力がある」ことを充分自覚しなくてはならない。あなた自身、「力がない」と思っていては、アル力も出なくなる。力は、認められた時、いくらでも出て来る奇蹟的存在だ。

　次にあなたは、その力を出す練習、即ち訓練をしなければならない。現代青年にとって、最も大切なことは、訓練だ。かつての青年は貧困と軍事訓練でいやおうなしに鍛《きた》えられた。が、今あなたがたを鍛えるものは、ただあなた方自身の「自覚」と学習以外にはないのである。

　それを、そうしなければならぬと教えることすら、学校は遠慮している。政党も、人々を甘やかして、「あれをあげる、これを差上げる」と、国民にこびへつらっている。だから、吾々があなた方に遠慮なくものを言う。もっと自己を鍛えよ、練成せよ、努力せよ、大きく大きく、どこまでも成長し続けよ、いいかげんのところで決して自己満足するな、と。

26　たくましい人生

むやみに人を審《さば》いてはいけない。小さな、自己流の尺度で。何故なら、神様でも、そうはなさらないからだ。神は、全ての人の上に、雨を、日を、そしていのちをふりそそぐ。どんな悪党にも、向上のチャンスを与えておられるのだ。

あなたは、「あんな悪い奴がどうして成功した?」と疑うかもしれぬ。しかし、それはあなたが彼の「美点」をしらないだけだ。

彼は「悪い」から成功したのではなく、「すぐれた点」によって、人生をかけ登った。

職業によって人を差別し、その人に偏見をいだいてはならない。ある青年は、いまわしい（?）職業について、しこたま金をもうけた。がしかし、その金で世界中の文学書を買いあさって、大いに勉強した。

たしかに彼は、完全ではなかった。けれども悪いところだらけの青年ではない。立派な向上心も持ち合せている。もともと「神の子」であり、その「神の子」の本性が、頭をもたげてくるからだ。

この本性のすばらしさをもっと引き出そうではないか。そのようにして自分も、又他人も、無限に向上して行くたくましい人生を送ろうではないか。

27　新生する天才

人間は新生する。それは人間が真の人間として生きることである。いのちは、常に新鮮であり、永遠である。真の永遠は、時間的永続ではない。それは「今」を生きるいのちであり、新しく、且《か》つ古い実在である。

新しい年は、この「今」をもたらす。「今」は常にここにあるが、新しい年がその思いを新たならしめるのである。

青年よ、「今」を生きよ、新しく生まれ変われ。決して後をふりかえるな。君には、以後前進のみがゆるされているのだ。

今の一瞬に、全生命をかけるとき、人は天才となるのである。天才とは実相だ。神の才能がここにあることを知り、たゆみなく前進し、努力するものである。

天才は、もうすでにあなたのものだ。それを自覚し、それを実現し、新生せしめるのが、今なのである。今こそ、新しい夜明けだ。暗黒はもはやすぎ去り、ただ光のみの世界が、今、あなたのものとなったのである。

28　嫌でもやる

青年が進歩向上する心を失うと、もはや青年とは言い難いのである。進歩するとは、今までとちがったところへ進むのだ。それがいやで、同じ所に足ぶみをしたり、堂々めぐりしているのでは、進歩もなく、向上もない。

向上とは、上に向かって進むことである。ただ単に観念的にそう思うだけではなく、神意を行動に移すことだ。単に「気にいらないから私はやめる」というのは、退歩下降するのと同じである。ある中学生が手紙をよこして、部生活がいやだから、やめたという。そして別の部へ行って、そこもいやだから、又変わるという。学校が嫌だから、登校拒否をしたという。「ひとりになりたい」と、この中学生は言うのである。

こうして「嫌だからやめる」で生活すると、彼は結局この世の中から何一つ得るところはなく、遂に行き場所がなくなるであろう。では何が間違っているのか。それは自分の好き嫌いを第一にしている点である。

この人生では、嫌いなことにも堪えて、やるべきことはやり抜くという〝訓練〟が必要である。誰だって朝はもっとねていたいし、遊びたいし、好きなことだけやっていたいと思う。しかしそれでは自分の我儘《わがまま》が増大するだけで、自分を鍛え、本物の人間性を輝かし出す作業はちっともはかどらない。丁度ダイヤモンドを地中に埋めたままで放って置くようなものである。

地中に埋もれた宝を掘り出すには、どうしても力仕事がいる。汗も出るし、呼吸も荒くなる。手にマメが出来るかもしれない。それを「嫌だからやめる」では、何一つも掘り出せない。あなたの中にかくれている、神性も、仏性も、感謝する心も、才能も、何一つ出て来なくなる。嫌なことでも、よいことは断然やり抜こうではないか！

29　無限力を出せ!!

あなたは、自分自身の才能や力を、あまりにも低く評価していないか。それはあなたが、まだ「神の子・人間」ということを、魂のドン底から自覚していない証拠だ。

「神の子」が、どうして愚《おろ》かであり得よう。意気地なしの神など、どこにもいない。あなたは無限力をやどしている。それを出しさえすればよいのだ。

「でも中々出て来ない。だから私には、きっと無限力などないんだ……」

バカなことを言うな。無限力が、どうしてそうやすやすと出てくるか。貯水池には無限の水がたくわえられているとしても、それをここに引き出してくるには、永い時間がかかるではないか。その間、水道の蛇口を開放しつづけていなければならない。それだのに、いいかげんな所で見切りをつけ、蛇口を閉めてしまう。

悟りでも、訓練でも同じことだ。あまりにも早々と見切りをつけるな。出せ、どこまでもやれ。必ず、いつかは、出来るようになる。

30　天才

天才とは、努力を続ける能力だといわれている。努力を抜きにして、天才は決してあらわれない。努力を嫌っていると、すべては埋もれ、死滅する。君は、断じてそのような一生を送ってはならない。

君がこの世に生をうけたのは、何らかの天才を発揮して、この世の人々に悦びを与え、価値を与えるためだ。努力が義務づけられている。努力には、その報酬として、悦びが付随する。

しかしながら、天才とは華やかに輝くものだと思いちがえてはならぬ。石には石の任務があり、忍者には忍者の天分がある。忍者の天才は、自《みずか》らを殺して、世を支える。それも又、一つの天才的仕事なのである。

あなたは、自分に才能がないと思ったことはないか。それは「神」を信じないから、そう思える。神が果して、この世に、一人でも「無力な神の子」を送り出し給うだろうか。何の天才も能力もない「神の子」など、果してありうるだろうか。

希望の扉

31　青い鳥

原宿の竹下通りは、いつも日曜日の昼ごろには若者で一杯だ。ある日そこを通っていると、外国人が学生のような若者たちをつかまえて、「東郷神社はどこですか」ときいている。若者たちは皆「知らない」と答える。丁度私は本部*から竹下通りへ出る交叉点まで来ていたので、「すぐあそこの入口から入ると、こっちへ行けば東郷神社です」とこの外人さんに教えてあげた。

彼らは東郷神社の裏口のすぐ近くに来ていたが、どこに行くべきかが分らなかった。人はとかくごく近くまで来ていて、目指すところ（目的）が分らないで戸惑うことがある。

「どこへ行ったらいいのか分らない」

「どうしたらよいのだろう」

と考え、人にきかれても分らないと思って困惑する。しかし目的地は近いのだ。何故近いかというと、人はみな今までずっと「幸福」を求めて歩み続けてきたからである。学校生活を送ったのも、結局は幸福の〝青い鳥〟を求めてきた。旅行をするのも、山のぼりをするのも、勉強にはげむのも、みな共通の目的「青い鳥」を求めてである。

それを捜し求めて世界中を旅しても、結局見つからず、家に帰ると、ちゃんと「青い鳥」がいたという童話が示しているように、本当はあなたのすぐそばに「天国」があり、「幸いの国」が実在する。いや、あなたの中に、それがアルということを、是非とも知らなくてはならない。

＊　本部＝東京都渋谷区神宮前一－二三－三〇にある生長の家本部。生長の家の布教、伝道の中央拠点。

32　芽がのびて行く

あなたは今こそ、無限力を引き出さなくてはならない。なぜなら天地が春を告げているからだ。それは生命の芽を吹き出す時が来たと告知する。凍《い》てついた大地から、小さな芽が、徐々に、静かに、しかも確実にのびてくる。そのように、吾々も、正確にますます生長し、内在無限力を現わし出すのである。

しかもその小さな芽は、少しも退歩することがない。今日は二センチのびたが、明日は一センチ縮む、そんな馬鹿なことはありえない。まして「毎年縮んでいく」などということも断じてありえない。それは、どんなに少しずつでも、とにかく「のびる」のだ。しかもその力は岩をもとかす。どんな障害物にであっても、決してへこたれない。自分の希望通りのところへ根が張らないとしても、決して悲観しないのである。

いや、それだけではない。根が曲ったら曲ったなりに、葉が欠けたら欠けたなりに、その条件で、全力を尽す。いつまでもクヨクヨしない。「どうして自分はこんなに足が曲ったのか」などともいわない。ただ黙々と全力を尽す。こうしてやがて無限力を現わし出す。それは今すぐ何もかもがよくなるというのではない。ハンディキャップがありながら、しかも無限力を出し、無限にのびるのである。

33　あなたは肉体ではない

あなたは肉体ではないのである。だからもう、あなたはあなたの肉体について思い悩む必要はない。あなたの肉体がどんなにみすぼらしくても、不完全でも、それはあなたが悪いのでも、あなたが不完全なのでもない。それはあなたの着物がおそまつというだけのことである。

着物なんかいくら粗末でも、昔の人は昂然《こうぜん》として大道《だいどう》を闊歩《かつぽ》した。

わざわざボロの服を着て、ニシメタような手ぬぐいをぶら下げ、破れ帽子で歩く学生もいた。それは着物よりも中味の人格が大切だといいたかったからだ。あなたは今その人格が「神の子」の神格だということを知った。こんなすばらしいことはない。吾々には必要とする全てのものが、もうすでに与えられずみなのであるから。

この福音を聞いて喜ばないものがいるだろうか。しかしいるのだ。どうしてか。「まさか……本当だろうか……」と疑うからだ。疑うものは疑え。そのかわり、疑って、疑って、とことんまで疑い、悩み、苦しみ抜くとよいだろう。神はあまりにも寛大であり給うから、その「神の子」に、悩み苦しむ自由までも与え給うたのである。だからあなたは今しばらく肉体を自分だと思ってもよい。しかしやがて死が、あなたの肉体を消し去ってくれるのである。

34　今年こそ

「今年こそきっと」とあなたは言う。「今度は必ず成功してみせるぞ」そんな言葉が多くの人々の口にのぼるが、必ずしも成功しないのである。しかし一体〝成功〟とは何か。目的物を奪い取ることではない。合格者の中に名を連ねることでもない。魂が進歩することだ。あなたが今年どれだけ進歩し向上するかが問題なのである。

もしあなたが努力すれば、必ずそれだけ向上する。未だかつて無駄になった訓練も努力もありえない。たとい失敗したようであっても、決して失敗ではない。あなたが確実に一歩一歩前進している。それを続ければ、必ずいつか頂上に達する。休みたかったら休め。喉が渇けば腰を下して水を飲め。しかし決して諦めてはならない。またすぐ立ち上って、力強く歩め。

「何のために？」とあなたは問う。名誉や称賛のためではない。あなたの内なる「神」を表現するためだ。あなたの「神」は現われ出なければならぬ。恰度《ちょうど》太陽が東の空から昇らなければならないように。そうしなければ、全てが死滅する。そのようにあなたの「神」が現われないと、多くの人々が死ぬ。山や河が変貌し、樹木が枯れ、田が干上《ひあ》がる。

だからあなたはあなたの内なる神の力を現わし出さなければならない。「神」はあなたにおいて、神御自身であろうとせられている。それもこれも皆あなたに真の法悦を味わわせるためだ。あなたはあなた自身であることを悦ぶために、今年も又やるぞと叫ぶのだ。今年こそ、きっとやり遂げよう！

35　聖使命

青年よ、大志をいだけ。国家を救い、人類を救済せんことを決意せよ。あなたの希望がどんなに大きくても、大きすぎるということはない。あなたは、あなたの本当の値打ちを、まだ本当に知ってはいない。あなたがどんなに貴重な存在であるか、神のめぐし子としての尊き存在であるかを、もっと深く悟れ。

あなたは、とかく自分自身を卑下《ひげ》しすぎていた。自分の能力を疑ってきた。自分の顔が醜いと思ったかもしれない。しかしそんなことは、皆うそなのである。あなたは現象にとらわれすぎてきた。あなたの現象は、全て、にせものの写真のようなものだ。あなたの実体はもっと素晴らしい。光り輝くばかりの「神の子」なのである。

その尊さ、素晴らしさは、何ものにもたとえることはできない。あなた以外の何者も、あなたを代弁することはできない。「私なんかいなくても……」と思うのは、とんでもない間違いだ。

36　霊性の夜明け

寒い冬が来ると、雪が降り積る、万物は枯れる。しかし、その雪の下には、既に新しい生命の芽が生え揃っている。太陽も、冬至を過ぎ、着実に日射が長びいて来ているのである。

全ては春の準備に入りながら、冬はもっとも厳しく、雪は降り積み、人々は寒さに打ちふるえるのだ。

そのように人生の最も苦しい時期は、まさに希望の夜明けである。最悪の時期は過ぎ去り、〝新建設〟に突入したのだ。それを最暗黒を最悪と思い違え、失望落胆のドン底に低迷する者が、如何に多くいることであろう。

国家も、社会も、もし最悪の時期を迎えたなら、もう既に上り坂になったのだと思わなくてはならぬ。かつて日本が敗戦のドン底に打ちのめされた時、日本の復興は既に始まっていたのであった。

今の日本は、物質的なアニマル国家となり下ったが、実は霊性の目ざめが叫ばれ始めているのである。その声は、まだ不充分かもしれぬが、「生長の家」の青年達によって、着々とうけつがれ、拡大され、天地一杯に轟《とどろ》き渡ろうとしているのである。

主人公の扉

37　輝く主人公

人間は環境の奴隷ではなく、その主人公である。主人公は自主性をもって、周囲を支配し、リードする。そのようにあなたはあなたの環境を自由自在に変化し、あなたの好みに変えて行くことが出来るのだ。

しかしこの場合「あなたの好み」が、あなたの本心の好みでなく、あなたの真実の願望ではなく、単なる一時的な欲望であれば、あなたは周囲から非難される不利な立場に追い込まれる。丁度、奴隷をやたらに酷使して、虐待した主人公のように、やがて反撃され、その横暴を周囲の人々から非難される。こうなると「主人公」としての資格はなく、やがて自主性も支配権も剥奪《はくだつ》されるのである。

ところが愛ふかく、神意に叶った主人公は、周囲の一切の人やものから支持され、応援される。全てのものが彼を尊重し、協力してくれる。こうなってこそ真の「主人公」であり、「欲することが好ましきことが自ら集り来る」のだ。主人公たることをことさら言い立てなくても、たといどのような地位や立場にいても、あなたは押し上げられ、尊ばれ、称讃される。

そのあなたが下座の行を行えば、主人公の座を失うどころか、ますます人格が光を放ち、なすことごとく神意に叶い、万民に救いと悦びとを与えることが出来る。こんなあなたであってほしいし、こんな友を沢山作り上げよう。

38　欲望への特訓

あなたは、何よりも自分自身を大切にしなければならない。そして自分自身を傷つけ悩ますものから、護らなければならないのである。しかもあなたを最も傷つける者は、あなたの欲望である。それはあなたではないが、あなたらしく装って、あなたを代弁しようとする者である。

もし世の中に、あなたの名前をかたり、あなたになりすまして、飲んだり食ったり、買ったりだましたりする者がいたら、あなたは大いに傷つくであろう。ところがあなたの欲望は、あなた自身の如く装い、あなたになり代って、あなたの名誉を傷つけるのだ。もしかしたら、あなたをすっかりだまして、

「私の欲望こそ私自身である」

と思い込ましているかも知れない。しかしそれはあなたの本心でもなく、あなたという主人公でもない。欲望はあなたに支配され、あなたの忠実な召使いでなければならないのである。この事実をハッキリ認めるならば、欲望はあなたのために、肉体の栄養を補給したり、睡眠をとったり、家庭生活の中で召使いらしく働いてくれるようになるのである。

しかし時にあなたが欲望を野放しにし、あなたの名前におい

て〝無断外泊〟をゆるすならば、とんでもない暴走をやり出し、逆にあなたを引きずり回し、飲みたくもない酒を大量に飲ませ、インチキや恨みや、だましやねたみや、様々な悪事をやり出す。

それはあなた自身の支配権が確立していないからである。あなたの「本心」があなたの肉体をまだ支配していないからである。つまりあなたの主権が欲望によって冒瀆されているのだ。それ故、これからは極力「真実の本心」即ち神の心を目覚めさせ、欲望をしてあなたの本心に従属せしめる訓練を日々行わなければならないのである。

39　責任をとれ

あなたは自分の運命を、ひとのせいにしてはならない。自分が自分の運命を決定する。人生では成功しても、失敗しても、その責任はあなた自身が負うのである。ところがひとのせいだと思っていると、失敗した時、きっとその人を恨むであろう。それはあなたを決定的に不幸にする。

何故なら、あなたは弱者の心境に立つからである。弱者は、運命に敗れた者だ。人を恨む者は、断じて幸福になれない。何故なら、「恨めしい」という気持が続くかぎり、「幸福である」ことと矛盾するからである。

「私は幸福だ、恨めしい」

というのは、全く理窟《りくつ》に合わない。そこであなたは当然、上半分をとるか、下半分をとるかする。「恨めしい」人は、それ相当に不幸な人となる。

人に責負《せきふ》を負わせる者は、弱者である。そして人生を正当に理解せず、誤解している者である。弱虫で、誤解している人が、どうして幸運にめぐまれるであろう。それ故あなたは、自ら自分の運命の責任をとり、正々堂々と、常に明るくたくましく生きることである。

40　主人公となるために

あなたは理想に向って前進しているか。それとも現実の利益や快楽に引きずられて、欲望の召使となり下っているか。理想に向いつつも欲望になやまされるという人が大部分であろう。そのような時、あなたは恐れてはいけない。あなたの真実は「理想のあなた」であって、欲望のあなたではない。この二つの映像がダブッているだけである。真実のあなたは「神の子」であるが、欲望のあなたは「肉の子」である。欲望は肉にだけについたものであって、神性・仏性とは無縁であり、本来なきものである。

欲望はどんなに色濃くアルように見えていても、実はナイ。肉体がナイからである。ナイ欲望に恐れてはいけない。ナイ欲望に引きずられてはならない。逆にそれを「支配する」ことを考えよ。欲望を感ずるのは、肉体的生活を送る以上は当り前である。その欲望で肉体を支えているからである。腹がへるから食事をする。空腹を満たそうとする欲望を恐れる必要はないだろう。それを支配して、適当な時と場所と分量・種類を選べばよいのである。

性と眠りとの欲望についても同じである。それを感ずることは、決して悪ではない。ただそれを、主人公としてのあなたが支配し、それを自己の理想への生活に従わせているかどうかが問題である。何を主人公とし、何を従者としているかが問われている。

あなたが名誉を求め、豊かさを求める心を起すのは、決して悪ではない。しかしその実現のために、あなたの内部神性の命令をないがしろにしたり、あなたの理想に逆行することをしてはならないのである。その強いあなたこそが本当のあなたである。この本質をより一層明かならしめるために、あなたは必ず、日々「神想観」を実行しなければならない。

41　天国のドラマ

青年よ、春が来た。青春が加速され、その力強さを飛躍させる。その時、目的とした受験に合格するものもいるが、不合格の者もいる。合格者はよろこび、不合格者は悲しむ。がしかし、それは一時的なものだ。合格者、必ずしも幸せではなく、不合格者、不幸でもない。それは一時的現象だからである。

人生のゴールはずっと先にあるのだ。一万米《メートル》競走でいえば、まだ千米にも達していない。そこで少々おくれても、いくらでも取りもどせる。そこで先頭を走っても、あとが続かぬ人々がワンサといる。

しかも真の人生は、たったの一万米競走ではない。それはそもそも〝競走〟ではなく、勝者も敗者もいない「天国のドラマ」である。夫々のものが、それぞれの役を懸命に共演する壮大なドラマだ。一見端役《はやく》に見えても、決してそうではない。一見主人公に見えても、彼だけが主人公ではない。

全ての出演者が作者であり、主人公であり、観客である。あなたの役は、あなた自身が作る。あなたが、人生の蹉跌者《さてつしゃ》となるかならぬかは、あなたのこれからの「ドラマの作り方」で決るのである。

42　発展の年だ

新しい年を迎えて、人はさらに生長する。生長するとは、内在の神性が、一層ハッキリと現われ出るということである。この世は時間的に生命力が展開する仕組みになっているから、幼時期にはまだ充分の力が出なかった。しかし力はすでにアルのであり、それを現わし出すために、この人生が展開する。

それは丁度吾々が映画やドラマを作るようなものである。作曲し、編曲し、さらに演奏する。最初は何もあらわれていないが、吾々の心が作り出すと、いくらでもあらわれ出す。そして立派な作品となり、練習次第では美しく上演、演奏されるのである。その初歩の段階では、誰でも下手であり、失敗やヤリ直しも必要である。

それ故、諸君は決して失敗を恐れてはならない。「今年は、もう失敗しないようにしよう」と願をかける人もいるが、しかし人生の失敗は一種の練習である。何も恐れる必要はない。逃げかくれ、失敗を回避するために、それに挑戦できなくなって萎縮するのはよくないのである。

今年は、萎縮の年ではないのである。発展し、挑戦し、行動し、試験飛行する年だ。かつて西ドイツで航空ショーの時、悲惨な空中衝突が起ったが、それに対する西ドイツと英国との反応はちがっていた。西ドイツでは観客に大量の死傷者が出たので、航空ショーを中止すると発表したが、イギリスではその直後の自国の航空ショーを計画通り行った。

失敗に対する二つの代表的態度である。そのどちらが正しいか? それは、北極探検と、南極探検とのちがいでもある。人生という登山道には、幾つもの道がある。そのどれでなくてはならないということはない。この選択の自由がゆるされていることが大切であり、又その選択の主人公が「あなた自身である」ことも大切である。

生き甲斐の扉

43　悩みを克服する仕事

赤ん坊がさらわれて、狼に育てられ、狼そっくりの声で吠え、四つ肢《あし》で走るようになった実例がある。しかしかれはもともと人間であったから、人間としての心を持ち、やがては自分の境涯についてなやむようになる。ところがもともと狼の子なら、一生そんな悩みはないのである。

つまり、「悩まない」からすばらしいのではない。だからあなたは「悩み」を恐れてはならない。それをいかにして克服するかを考えよ。そしてその時、次の点に着目するとよい。

その一つは、あなたの悩みは、あなただけのものではなく、多くの人々が持つ悩みだということだ。とかく人は「自分だけ特別大きな悩みを抱いている」と思いがちだが、そうではなく、どんなにすぐれた立場にいる人でも、それだけの悩みを持つものだ。

しかし又二つには、どんな悩みでも、それに打ちまかされては駄目だ。この世にあなたが克服できない悩みなど何一つないことを知れ。エレファントマンという映画では、極めて醜悪な顔と体に生まれついた青年が、清らかな心で、二十一歳の生涯を了《お》えた実話が描かれている。彼にとって、この困難を克服することだけが、この世に生まれた唯一の仕事だったのである。

44　白紙に何をかくか

人間の本質は「神の子」であり、完全円満であるが、現象人間はその写しであり影であるから不完全だ。欠点もあれば、失敗もする。その失敗や欠点を一々咎《とが》め立て、悪をあばき続けていると、あなたはこの世を台無しにしてしまう。それは丁度カンバスの上に、美しい絵を描かず、いたずらに墨を塗りたくっているようなものである。

この世は畢竟《ひっきょう》心で描く通りのものになる。心で思い描かなければ、実相の素晴らしさも現われない。それは絵書きが絵を書かないと、どんな才能も表われないし、喜びも湧かないようなものだ。

従って人の悪や欠点を心に描く程度に応じて、あなたは悪に充ちた暗黒世界を作り出す。欠点は、欠点を指摘し描き宣伝することで、断じて解消するものではない。それとは逆に相手の中にある「実相」の素晴らしさ、「神の子」の美しさを描き、見つめ、宣伝し、称讃しなければならないのである。

あなたも友の美点や、上司の素晴らしいところを称讃しよう。それを「おべんちゃらだ」と言う人は、白紙の上に黒々と墨を塗りたくる作業をしている。

「やつは卑しい心を持って、取り入ろうとしている」

という者は、自分の心を卑しく変形し、自分の顔に墨を塗りたくりつつある者だ。そんな作業は、もうやめにしようではないか。

45　失敗を乗りこえる

あなた方は、失敗を恐れてはならない。失敗をしたことのない青年など、気味が悪くて人間とは思えない。失敗を恐れていると、人間は萎縮して何も出来なくなる。又、失敗を恐れていると、他人の失敗をひどく咎めたて、嘲《あざけ》り笑い、ののしり騒ぐようになる。こういう青少年も、また気味の悪い存在である。

人は皆、失敗を通して生長して行く。それを乗り越え乗り越えして、立派な神性をみがき上げて行く。刀工が名刀を鍛え上げるまで、どれくらい失敗を繰返したか。天才が発明を成就するまでに、どれだけの実験を失敗したか。ピアニストが、その流麗な技を磨き上げるまでに、どれだけの失敗を通りぬけて来たか。あなたにもし自分の過去の失敗の数々を数えたてる暇があるなら、未来の輝かしい成功のみを思え。それは、必ずあなたのものだ。受験の失敗がなんだ。そんなもので人間の評価は定まらない。受験の成功がなんだ。それで安心して怠けてしまったら、ろくでもない機械人間、エコノミックアニマルが大量生産されるだけだ。

青少年よ、たくましく、胸を張って、堂々と前進せよ。何ものも恐れず、あなたの輝かしい未来の星を見つめて行こう。

46　使命を見出す

彼は、生まれながらにして心臓に重大な欠陥があった。医者から見放され、何回も失神し、学業も中途で放棄するほか仕方がなかった。

彼は快々《おうおう》たる日を送った。一体、何のために生まれて来たのであろうと思った。しかしある時、彼は父の家業を嗣《つ》ごうと決心した。そのためには、大工に弟子入りしようときめた。

するとその時、彼の身体《からだ》は不思議にも癒された。以前から彼は信仰生活に入っていた。練成*もうけた。しかし、弟子入りしたとき、今まで学び得たことが、美事に結実した。

人は、何かの使命をもってこの世に生まれている。何の目的もなく、使命もなく生まれ出るということはない。それ故、その使命を自覚し、神のコースにのった時、その人は安全な安定した軌道を走る力を得るのである。

あなたにもしその使命が見つからない時は、今のあなたのその足下に「あなたの使命」がころがっていることを知れ。幸福の青い鳥は、遠くにいるのではない。もうすでに、あなたの部屋の中にいる。

＊　練成＝合宿形式で生長の家の教えを学び、実践するつどい。

47　この世の花

大自然はまさに今青春時代を迎えようとしている。緑の芽をふき、蕾をふくらませ、天地を美しく彩ろうとする。これが又青年たちの使命でもある。若人は天地を美しく彩る。善と美とをこの世にまきちらす。決して退廃や沈滞や、そして又汚辱《おじょく》を振りまくものではない。

ある日私の車の前を走っている車から、道路に紙くずが投げ出された。さらに行くと、次にタバコの吸い殻が放り出された。運転者は二十代の青年であったが、彼の車には灰皿がないのか？　紙くずが一杯でもう一個もため込む余地がないのか？　そんな馬鹿なことはあり得ない。ただ彼は「世の中を美しくする」ことに無関心だったのであろう。人は関心を持たないことに協力はしない。それればかりでなく、その反対をするのである。

だから人はよいことに関心を持ち、光の方に向って前進しなければならない。よいこともしないが悪いこともしないという〝中立〟は本来ない。光と闇との中間的存在がないようにだ。あなたは光になるか、それとも闇になるか？　人は「闇将軍」を軽蔑するが、あなたも又闇になることを嫌がるだろう。それが生命の本性だ。従ってあなたは積極的に善を為《な》し、人のために美しく行動し、「この世の花」とならなければならない。

48　いのち懸けで

毎日を悔いなく生きよう。全力投球の生活を送ろう。「いのち懸《が》け」になるのだ。普通いのち懸けというと、目を血走らせて、口をへの字にひん結んで頑張るように思うかも知れない。しかしこんないのち懸けでは、大した事は出来ないのである。それは我《が》のいのちのつっ張りだからだ。

本当の「いのち懸け」は、命を神に全托する。神にいのちを懸け切るのだ。「私はあなたに、かけたのだから……」という歌があるが、同じ懸けるなら神に懸け切るのだ。人に懸け、チャンスにかけ、ギャンブルにかけるような愚かなことをしては、あなたの未来はどうなるか分らない。

しかし神に懸け、神に托し委《ゆだ》ねるならば、あなたは絶対に安全である。安全であるばかりではなく、あなたは必ず、「ああ、生きていてよかった」という、悔いのない人生を送ることができる。何故なら、神の計画は万全であり、神はあなたを浪費しないからである。

あなたの中には「無限」があるのだ。それを吸い出し、くみ出すのは、あなたが神に懸けた、まさにその点においてである。あなたが神に全托するということは、あなたがこれから神の如くに生きるという決定だ。あなたはもはや、たゆみなく「愛行」への道を、まっしぐらに進むのである。何故なら、あなたはいのちを懸けたのだから……

人生の扉

49　内在の宝

あなたの中には「無限」がある。実に偉大な「神性」が秘められているということだ。それはあなたに与えられた「宝」であると同時に、全人類にも分ち与うべき「宝」である。

例えていえば、地下に埋もれた石油はアラビア人だけに与えられた宝ではなく、全人類のために分ち与えて活用すべき天与の財産であろう。ところが、もしそれをアラブ人が自分たちだけのものとしたり、その発掘を拒否すれば、人類は黙っておらないようなものである。

そのように、あなたの中に埋もれている神性・仏性は、全人類のものであり、全生類《しょうるい》のものでもある。それ故いたずらに埋もれさせておけば、人々は文句をいう。不平をいい、慨嘆《がいたん》し、怒り、ののしり、さわぐのだ。

その声が集ってひそかに聞えてくる。内心の不安や、苦悩や、イライラとして。

従って、もしあなたが幸せになりたいなら、人々のために役立つ人間となり、内在の宝を開放し、掘り出し、無限に前進し続けることが大切である。

50　進め、進め

あなたは正しいかもしれない、しかし間違っている。あなたは最善を尽したかもしれない、しかし間違っている。あなたは人を非難する、しかしあなたもどこか間違っている。正しいだけが全てではないからだ。

最善を尽すということは、一生をかけてこれからやることだから。生まれ変わって出てきてやるのである。さらに又何回も生まれ変わって修行する、それが人生というものだ。人を非難するには、その人の全てを知らなければならない。しかしそれは実に難しいのである。その困難をまだ克服していないからだ。

自分をいい加減なところで甘やかしてはいけない。思い上がってはダメだ。あなたは目的のため間違った手段を取ってはいなかったか。あなたは友達をかばうつもりで、自分をかばっていたのではないか。仲間だけを可愛がって、本当の愛と正義を忘却してはいないのか。真理に対して本当に忠実であるのかどうか。

「そんな難しいことを言うな」

と言うかもしれない。確かに難しい。私もあなたと共にこの道を学びつつ進む。一生ではとてもできないから、又生まれ変わって出てくる。さらに又生まれ変わって出てくる。

その時はあなたと兄弟であるかもしれないし、あなたの父であり、又母であるかもしれない。もうあなた方とは離れがたく結びついているのである。

51　心の慣性を応用せよ

人間の心には習慣性がある。それは物体に慣性があるのと似ているが、この法則を応用して、人生を楽しく送ることが出来る。例えば朝五時に目をさますことを習慣づけると、五時になると自然に目がさめる。そのように「体内時計」が設定され、それとともに一日のスケジュールが進む。

ところがこれを習慣づけず、日によって八時に起きたり、十時に起きたり、又六時に起きるような不規則な生活を送っていると、五時に起きることなど大変で、不可能とさえ思える。しかもこの原理は生活の全般に応用できるから、ある一定の時間に必ず読書したり、何かの練習をする習慣をつけるならば、その読書やレッスンが実に楽々と行われ、それをしない日の方が不愉快な気分になるのである。

この世で成功したり、才能を伸ばしたりした人々は、全てこの慣性を応用して、有意義な練習を積み、実力を伸して行った人々である。それに反して、タバコを吸う習慣から、夜あそび、むだ使い、ひとをだましたり、酔っぱらって町をさまようことなど、あまり役立たぬレッスンを習慣づけた人々は、それを止めようとしても中々やめられず、つい又やってしまうという心の重圧にさいなまれる。

そこでこれを変更し、よりあかるく建設的なこと、即ち神意と思われる方向に習慣づけるには、先ず神想観をして、自分にその行為が必ず可能であることを心に描くのだ。そしてそれを実行する。目ざまし時計を使ってもよいし、その他「コトバの力」を使ってもよい。この瞑想と宣言によって、神意に一歩でも近づく方向へ習慣づけると、あとは楽にごく自然にそのピッチを増大し、「善き事のさらに積りて山となる」愉快な人生を送ることができるのである。

52　選択の時代

これからの世界は益々情報化時代に突入し、様々の報道や、宣伝、そしてマスコミ、遊戯物、放映等が行われるようになるだろう。こうなるとそれら全てを見聞したり、そこに参加したりしている時間はなくなるから、当然どれかを選択しなければならなくなる。いわば「選択の時代」が到来すると言わなくてはならない。

これは同時に自分の学校、職業、友人、恋人を選ぶことでもあり、かつ又自分が責任をもってそれを選ぶ時代だということでもある。単に「面白そうだから」とか「人にすすめられたから」とかといった無責任な選択では、とんでもないグループにさそわれたり、間違ったイデオロギーや信条に束縛されることになるだろう。

折角自由の社会にいながら、下らぬ遊びや宣伝に迷わされ、一生を台無しにするのは誠に勿体《もったい》ない話だ。そこでどうしても「正しい選択法」を身につけなければならない。そのためには、先ずこの人生の目的や意義をハッキリ知ることであり、吾々の心を「高級なもの」に指向することである。下らない、下劣なものではすぐあきてしまうし、一時的ゴマカシをするだけに終るからだ。

しかもその「最高級なるもの」が神であり、仏である。従ってこれをハッキリ把握して、その絶対なる者を念じ、観じ、祈り、かつ問うならば、必ず「正しい選択」が出来るし、あなたのためになるよい情報や、友人や、会合や、催物が、あなたを繁栄と成功の特等席へ招待してくれるのである。

53　未来は無限

青年にとって、「新しい」とはどういうことか。新しい経験、新しい研究、新しい組織作り、新しい恋人、新しい部屋など、魅力的なものが充ちあふれている。それらの様々な宝物が、あなたのこれからの人生には充満している。何とすばらしい福音であろうか。

そのような若人の特権を持ちながら、それらを行使することなく、「もうどうにもならない」とか「行き詰った」とか「死にたい」などと言うのは、不見識の極みである。そんなことを言うくらいなら、目を閉じて「暗い世界だ」とつぶやいたり、赤い色眼鏡をかけて「世の中はまっ赤だ」と叫んだりしている方がまだましだ。

何故なら、目を閉じている人がそのことを自覚するのは時間の問題であり、色眼鏡を外すのも容易なことだからである。ところが「自分はダメだ」と呟《つぶや》く人たちは、そのダメさ加減にかなりの自信をもっている。そしてその証拠として、自分の今までの「古い体験」を数えあげるのである。

しかし、彼らはその「古い体験」を先ず見捨てなければならない。青年には古い体験よりも新しい未来の体験の方が、はるかに豊富であるはずだから。二十歳の若者にとって、過去はたった二十年だが、未来は四十年以上、五十年、六十年とある。その間にあなたは、あなたの中にある「ダメならざる能力」をいくらでも開発し、さらに、死後もまた無限に生き続けることを知らなくてはならない。

54　愛他行へ進もう

貴方が「神の子」であるという真理は、貴方だけのものではない。だからこれを独占してはならないのである。例えば、貴方だけのものでない自動車を独占して乗り回している人がいたら、果してどうなるだろうか？　暫《しばら》くは大目に見て貰えるとしても、やがて周囲から散々文句が出るであろう。それでも知らん顔をしていると、遂に「車を没収しよう」と言うことになるかもしれない。

それと同じように、「人間・神の子」の真理を独占して、これを人に伝えず、その効果ばかりを活用して利益を得ていると、貴方は必ず人から非難され、やがて「没収される」のだ。つまり今迄うまくいっていた環境がギクシャクしたり、いわゆる「お蔭」らしい物がもう出て来なくなる。そしてあなたは一見「神から見放された」かの状態に陥るのだ。

このような時貴方の信仰はより一層真実に近づく。若し貴方が自己の信仰が余りに「利己的」であり、愛他行《あいたぎよう》に欠けた独善的なものであったことに気付くならば。

しかしそれに気づかず、依然として独善的であり続けるならば、貴方は又振り出しに戻って、「人生苦」や「病苦」のやり直しから始める。こうして人生は、人々を深切丁寧に導いて、愛の何たるかを教え、あらゆる人々を「霊の高所」に導いて行ってくれるのである。

智恵の扉

55　不死不滅のいのち

青少年はよく未来があると言われる。それは肉体が死ぬまでに、老人より長い年月があるという意味に使われる。しかしいくら長年月あると言っても、せいぜい百年未満で、そう永いものではない。中にはわずか十四、五歳の生涯を、美しく果《はか》なく終える人もいる（「窓」の欄参照）*のである。

ところが、実は人間は肉体ではない。従って肉体は死んでも、魂は永遠に死なず、生き通している「神の子」である。その永生から見るならば、百年や二百年は、一瞬のうちにすぎ去ってしまう。それ故昔から、「少年老いやすく、学なり難し」と言った。学とは学問ばかりではなく、試験勉強のことでもない。

それは真理の参学であり、窮極の大真理の会得《えとく》である。現象の時間はアッという間にすぎ去るが、本当の真理はあくまでも深く、究めつくすに無限の歳月を要する。そして又真の生命は永遠であり不滅である。この大真理を参学せよということである。

そのような見地に立てば、青年も老年も同じく、永遠の未来を持ち、無限の可能性を持つ。宗教は老人がやればよい、若者は現実をたのしむ、そんな安っぽい考えでは、とても満足すべき人生は送れないのである。それどころか、若者こそ、今のこの時点から、孜々《しし》として真理を参学しなければならない。神の子・無限力、無限生命を知り、肉体ナシを知ることは、早ければ早いほどよいのである。

幸いにして十四歳でこの世を去った少女も人間の不死・不滅を知り、力一杯で残された日々を、明るく感謝し、感動をもって送って行かれた。今度生まれ変わってくる時は、すばらしく高い境地の、幸福生活が訪れてくるに違いない。人間はその自覚の高さによって、いくらでも報いられるからである。

＊「窓」の欄参照＝旧『理想世界』誌に著者が連載していた欄のこと。その中で、難病に冒され、十四歳の短い生涯を終えた亀田智勢さんが紹介されている。

56　何が第一であるか

あなたは人生の一大事は何だと思うか。「仕事」と答える人もいるし、「愛すること」と思う人もいるだろう。どちらも大切であるが、これは決して別件ではない。仕事も「神の愛」の具体的展開でなければならず、たんなる「金儲け」ではないのである。

それをもし「仕事即ち金儲け」と思い込んでいると、大変間違った人生を送り、遂には犯罪事件に巻き込まれることも有り得る。詐欺《さぎ》や泥棒を働いて、金儲けを志す人も出てくるし、金儲けのために売春をするのも「仕事」だと主張する者も出て来る始末である。

すべて何が第一であり、何が第二第三であるかを正確に知らなければ、この人生は正しく送れないし、幸福になることも難しい。それは丁度、あなたが何処かの家庭に招待されて、その家の主人公や奥さんに挨拶もせず、そこに来ている来客の中の気に入った人とだけペチャクチャ話し込んでいるようなものである。初めの内はそれでも見逃されるが、やがて彼は「礼儀知らず」として無視される。つまり「無視」が「無視」のかたちで返礼されるのである。

如何なる仕事も、それがもし「金儲け」を第一として為されているならば、仕事相手の人は「無視」されて、「金銭」が第一と目《もく》されていることになる。当然相手は彼の「金銭第一主義」に気づき、彼を「真実を知らざる者」として軽蔑する。何故なら物や金は、心や人格の顕われであり、副産物だからである。実体に対する影であることを知らない彼の無知をあざ笑うのである。

もちろん副産物が何の役にも立たないというのではない。パーティーに呼ばれた客が夫々何らかの形で、役立っているようなものである。しかし「第一の者」を無視すると、その無知と非礼の結果をあなたは収穫し、ついには破滅に至るのである。

57　善悪を超える

雨が降る時、「天気が悪い」というのは間違いである。アフリカ東部では今年（昭和六十年）の春ごろ、待望の雨がふり、エチオピアあたりでも豪雨に見舞われた。人々は一時歓喜したが、果してこの時「天気が悪かった」のであろうか。カンカン照りの天気が永続する方が、むしろ「悪い天気」だったにちがいない。

人はとかく善い悪いを固定的に考える。学校でも「あの学校は悪い」とか「良い」とか評価する。しかし本当はその人に適しておれば良い学校であり、不適当であればよくないのである。もし女性である人に、「よいお嫁さんを世話しよう」と言われたら、きっと困り果てるであろう……

高崎山の猿の飼育係氏が、メス猿に惚れられた話がある。サル嬢は彼氏にまつわりついて、彼がトイレに行けば必ずついて来て、彼をユウワクするのであった。つまり身体をすりつけたり、唇をふるわせて恋のジェスチュアをする。一体、この猿の恋は良いか悪いか？　彼は有難く思ったかどうか？

女性から恋される男性は、うらやましいと思われ勝ちだが、かならずしもそうではない。つまり善悪というものは固定化されておらず、人・時・処に応じて変化する。戦時中の愛国行動が、そのまま現代の日本に通用するわけではなく、現代青年のものの考えが、必ずしも何年後の日本にそのまま通用するとも限らない。

しかしながらこれはあくまでも現象界の善悪であって、そのような時間・空間を超越した真実在の「神の国」は〝絶対善〟の世界である。それはもはや善と悪との対立した善ではないから、〝不思善悪〟の世界で「そのまま」である。これを真如《しんによ》とも、妙々とも言い、「当り前」とも言うのである。

58 実相のあなた

今、あなたは何になろうと思っているか。地位を得、財を得たいか。有名人になりたいか。力をつけたいか。それとも仲間を得たいのか。それとも快適な住宅や職場や車やプール等々か?

それらを得るのも悪くはないが、それを得る前に知って置かなければならないことがある。それらは全て、影であり、現象であり、やがて捨て去らなければならないものであるということだ。

対人関係も、永続するものでない以上は、やはり影である。だから、この世を去る時は、皆独りで去るのである。家も財産も、地位も、全て捨て去られる。

影にも、よい影と悪い影がある。それはテレビにもよくうつる画面と、そうでない画面とがあるようなものだ。従って、よい画面にすることは結構だが、そんなものよりも一層すぐれて美しい「本物」がある。それが神の国であり、その神の国の住人であり、その住宅であり、仕事である。それは何ものにもたとえようがないくらいすばらしい。

そしてそこに、すでにあなたはいるのであり、あなたの夫も妻も子も、父も母も全てがい給う。この「実相」を知ることが、何よりも肝要である。それを知ることにまさる悦びはなく、それを知り悟りえた栄誉にまさる快挙はないのである。
これをもしあなたが疑うなら、あなたはまだ「実相」の何たるかを知らないのである。

59　実相と現象

多くの人々は、現象と実相の区別をまだハッキリと自覚していない。現象は変化無常であり、不完全であるが、実相は完全であるということを、ヨクヨク知らなければならない。そうでないと、現象という不完全なものを「完全」と思いちがえ、それを〝偶像崇拝〟するに至るからである。

たとえばマルクス主義を絶対視したり、進化論にあやまりなしと錯覚する。民主主義こそ終極的理想と思いちがえたり「日本国憲法」を最高とあがめ奉る。又それと同じ心境で「明治憲法」を絶対視したりする。

しかし現象的にあらわれたものは全て不完全であって、そこには進歩と修正の余地があり、「実相」にのみ完全円満がある。しかもその実相は現実化し、条文化されたものではなく、肉体化した存在でもなく、現実の日本国でもなく、「理念の国」であり「高天原《たかあまはら》」であり「実相の天皇国」である。それは目に見えず、耳にもきこえず、印刷された文章でもコトバでもないから「不立文字《ふりゅうもんじ》」といい、「正法眼蔵《しょうぼうげんぞう》」とも、「大真理」「阿吽《あうん》」とも「恁麼《いんも》」ともいうのである。

「いんも」とは「これ」とか「それ」という宋の俗語であるが、

道元禅師はこれを「実相」「如是《によぜ》」の如くに使われた。あくまでも一つの記号であり、「金波羅華《こんばらげ》」の如きシンボルである。それは現象にあらわし切れない「実相」を示す印であり、「恁麽」という言葉自体も実相ではない。

ところが迷える人々は、現象を固定化し、それを神格化し、無謬《むびゅう》と思いこみ、かくの如くして現象固着の〝偶像崇拝〟となり果てる。このような宗教は、真実のものではなく、一時的なイデオロギーであり、この考え方もまた変化無常の嵐に吹きとばされ、結局は宇宙の彼方に消え去って行く次第である。

60　新しく古い秩序

規律正しい生活は、人間をより一層人間らしくする。それは、神の秩序を人々に思い出させるからである。神は、無秩序ではなく、混沌ではないのだ。神は凡《あら》ゆるものを法則に従って生み出し給うた。法則は全てに遍満する。それが生活の秩序として出現するのである。

スポーツからルールをのぞいては、何ものもあとに残らない。

そのように青年の生活からルールを除外すれば、あとに残るのは野獣性のみである。それは弱肉強食であり、腐敗堕落である。人類の未来をそのような暗黒にくもらせないために、青年よ、ルールを守ろう。規律を正しくして生き抜こう。

先に行く者が、後から来るものをかばうのだ。後から行く者は、先なるものを敬愛するのだ。上が下を思い、下が上を支えて、お互いを助け合う。それをなぜ「古い」というか。新しいものが混沌であり、無秩序であるならば、むしろ古く、秩序ある世界が正しいのだ。新世界は、決して無秩序ではない。頭と脚と胴との区別のつかぬ混沌が、人生の目標ではない。神の国の一糸乱れぬ大調和——そこには新しく且《か》つ古い秩序がある。

祈りの扉

61　神の援軍

青年よ、持久力をもて。一時的にパッとやるだけでは、本当の力にならぬ。「支える」という行為が大切だ。それは瞬間的ではない。大建築物を支える土台が、一時的なものであっては、何の役にも立たない。永続的に持ちこたえる力をもたなければならないのである。持久力は、執着ではない。単なる根性でもない。それは「神の永遠性」の表出だ。日本の国が永遠に聖なる中心を保持し続けるのが神意である如く、永続性は実相の表現として尊いのだ。ところが根性や執着は、我の力みであるから、いつかはくだけ散る。歯をくいしばって頑張っても、持ちこたえる力が不足する。何故なら、彼らの顔に、明るさがないからだ。悦びの合唱がきかれぬ。あたかも孤島《ことう》を死守する無援の部隊の如く、補給の不足から、死を待つばかりとなるのだ。

青年よ、悦びと、笑顔と、規律と、真理への全面的信仰を失ってはならぬ。「神の援軍」をうるために、必ず神との直通路を開いておけ。

62　非連続を生きる

新学年がはじまる。新学期の人もいるだろうし、新入社員もいる。いずれにしても、新しいサイクルの開始する時である。人生にはそのような繰返しがあり、同じような出発点がめぐってくる。それは「繰返し」が必要だということを示しているのである。

つまり人生の全ては、吾々にとっての教師であり、何事かを教えていてくれるものである。それ故「歴史の教訓」もあり、「戦争の教訓」もあり、「平和の教訓」もある。このような「教え」を素直に、正しく受けとるかどうかが、人間として大成する鍵であると言っても過言ではない。

それ故、この季節を迎えるに当って、過去の教訓を充分生かし、明るく前進を開始しよう。それが自己満足をさけ、誤った道をこれ以上つき進まないための良策である。

もしあなたに何か失敗があったとしても、それを取りかえすことが出来るのが「今」である。もしあなたが失意に沈んでいても、「今」を生かして立ち上ることができるのである。信仰から外れて、あやしげな道に進みつつあると気付いたなら、直ちに正道へ復帰せよ、それが「今」を生きることである。

あなたは絶対誤らない、と自惚《うぬぼ》れてはならない。人生の非連続は、反省のためにある。この「非連続」は、連続を前提にしているが、過失や誤りを否定するための不連続的チャンスである。さらにあなたが過誤から立上り、大いなる導きの御手に乗るためには、必ず「神想観」を行え。

それは直接神の国にふれ、神の御心を感じ取り、神の愛に抱かれている「神の子」を知る唯一の手がかりである。それをないがしろにしている者は、迷い、悩み、大道をふみちがえ、破廉恥《はれんち》な行為へと迷い込む。今こそ日々の神想観に、明るくたのしく取組もう。

63　決断と選択

よく「自分には、それは出来ない」という。やってみないうちに「出来ない」というのは、神の子・人間ということの原則が分っていない証拠である。誰でも最初から完全に出来るものではないが、いくら失敗しても、そこから何かを学び取り、次に改良し、反省し、さらに努力を続けることによって、内在の無限力を出すのである。そしてやがて「出来る」ことが明らかになる。

それ故、やってもみないうちから「出来ない」と言うことをやめよ。それこそ「神の子・人間」を信じないという〝宣言〟ではないだろうか。又、やれない者に、やれという方が間違っているという、相手方に対する不信をも意味している。つまり彼は、自分と相手に対する二重の不信を犯し、その上人間の神性をすら疑い味《くら》ましているのである。

このような態度を、謙遜と言うべきではあるまい。彼は傲慢なのである。自分の方が判断が正しいと自惚れ、しかも自分自身の可能性を拒否するという二重の誤ちを犯している。だから将来必ず「しまった」と思う時が来るであろう。

これは永年信仰を続けたということとは無関係で決断と選択の問題である。現代自由社会には多くの情報とチャンスが入り乱れている。それをいかに選択し、決断を下すかによって、自分と家族の運命を支配するのである。それ故、選択のチャンスには、私心を去り、心をすまして神のコトバを聴きとらなくてはならない。

そして又選択が正しくあるためには、そのように神に祈り、神に全託する日々の修練を続けることが大切である。小さな判断にも、これを練習し、選択を正しく行っているならば、必ず重要な選択に於いても、誤《あやま》つ事はない。それ故、日々の生活に、無我奉仕と祈りとの実践行が大切である。

64　魅力を出せ

あなたは若いか？　本当に若いか？　それなら、もっと生気潑《はっ》剌《らつ》としたらどうだろう。生々として、見るからに嬉しそうな人は、誰からも愛され、したわれる。人は人からしたわれるぐらいでないと、大きな仕事はできぬ。人間はその人格の魅力によって、幸せな人生を作る。あなたはどうしても幸せにならなければならない。あなたがそうならなければ、他になる人はいない。何

故なら、あなたは、

「神の子・人間」

という真理を知っているからである。あなたの中に無限がある。どうして悦ばないでおられよう。どうして生気潑剌とせずにいられようか。あなたは〝魅力がある！〟だから人から好かれる。それ故、あなたが開く会には、沢山の人がやってくる。あなたがさそう会には、ぞろぞろと集るのだ。それを実証してみよう。

ある青年は会を開いて、一人も人が来なかった時、部屋中に座布団をしいて、毎日それが満席になることを心に描いた。するとやがて、その心に描く通り多くの人々が集るようになったという。

あなたも、やってみよう。あなたの魅力を現わし出そう。それがあなたの未来を、必ず偉大ならしめる。

65　霊の強者たれ

あなたは果して毎日神に祈るだろうか。「そんな暇はない」と言うかも知れないが、暇などはいくらでもある。ちょっとした休憩時間でも、バスを待つ間でもよい。瞑目して神に祈ることだ。そして私心を去って行動せよ。そうでないと、人はあまりにも煩悩に満たされ、利己的な思いをのみ描いてアクセクと生活しがちである。

しかしこれでは正しく愛深い行動はとれない。何故ならそれはあたかも馬を御《ぎょ》する人が、その欲望のままに道草を食いつつ前進するようなものだからである。咽《のど》が渇けば川に行き、セックスの欲望に翻弄され、眠くなれば寝る。こんな馬に引きずられた御者など、果してどんな仕事が出来るだろうか?

吾々は馬に引きずられる者ではなく、馬を制御する主人公でなければならない。吾々の肉体は馬のようなものだから、その煩悩に引きずられてはならない。煩悩があるがままに、それを越えて「神の声」を聞き、神意に従いつつ生活をする。それが真の霊的新時代の青年たる者のあり方だ。肉体を否定するのではなく、それを鍛え訓練し、強力ならしめ、欲望を統御しつつ、崇高な霊的目的に向って前進する「強者」となることである。

66　神を称めまつれ

あなたは今何をやりたいと思うか。おそらく、あなたの胸中には進歩と向上の理想や夢が渦巻いて、どれか一つを取り上げることが難しいであろう。やりたい事が一杯ある——というのが青春時代だからである。

そこで一つだけ選び取ることが出来ない時は、セットにして「大量獲得する」方法が最も良い。それは丁度、魚群を底引網でゴッソリと引き上げるようなものである。そんなうまい話はないだろう——と疑う勿《なか》れ。人々は本能的にこのやり方を知っていて、着々として実行に移している。

例えば正月早々よく目撃する神社参拝で、先ず百円くらい賽銭箱に抛《ほう》りこみ、「家内安全、希望成就、入学、結婚すべて思い通り、難病奇病ことごとく快癒」を祈っているではないか。その姿はあちこちで見られ、全世界的に共通した人類全体の願望である。

それをムダと言って、嗤《わら》ってはいけない。人は直観的に「神」に祈れば何でも叶えられると思うのである。それは「神」の中に全てがあり、神が万能であることを認めているからである。ところがその「祈り」が中々現実とならないのは、神と人とがあまりにも隔りすぎているからである。つまり自分自身の神性に気がつかない。神を遥か彼方の存在と思いちがえているのである。

ところが実は、神と人とは一体だ。神は人であり、人が神であり、吾々の中に全てがある。それが人間の「実相」である。それ故、吾々は心を安らかにして、全てが完全に成就している至福無上の世界、「神の国」が「今、ここにある」と確信すればよいのである。今さら「与え給え」と神に祈るのではなく、「与えられていて、有難うございます」と感謝し、感涙にむせび、歓喜勇躍し、高らかに神を称め奉《まつ》ればよいのである。

人生の主人公となるために〔完〕

人生《じんせい》の主人公《しゅじんこう》となるために

平成十七年十一月二十日　初版発行
令和 四 年十一月二十五日　十版発行

著　者　谷口清超（たにぐち せいちょう）〈検印省略〉

発行者　西尾慎也

発行所　株式会社　日本教文社
東京都港区赤坂九―六―四四　〒一〇七―八六七四
電話　〇三（三四〇一）九一一一（代表）
〇三（三四〇一）九一一四（編集）
FAX〇三（三四〇一）九一一八（編集）
〇三（三四〇一）九一三九（営業）

頒布所　一般財団法人　世界聖典普及協会
東京都港区赤坂九―六―三三　〒一〇七―八六九一
電話　〇三（三四〇三）一五〇一（代表）
振替　〇〇一一〇―七―一二〇五四九

印　刷
製　本　港北メディアサービス株式会社

定価はカバーに表示してあります。落丁・乱丁本はお取り替えいたします。

ISBN978-4-531-05250-9

本書の本文用紙は、地球環境に優しい「無塩素漂白パルプ」を使用しています。

日本教文社のホームページ

谷口雅宣編著 谷口雅春著 ¥900
人類同胞大調和六章経
世界的な危機に揺れる心を静め、「人類皆同胞」の祈りを深める、生長の家の平和に関する祈り6篇と「世界平和の祈り」(新バージョン)を収録した手帳型の経本。 [生長の家発行 日本教文社発売]

谷口雅宣著 ¥1528
宗教はなぜ都会を離れるか？
――世界平和実現のために
人類社会が「都市化」へと偏向しつつある現代において、宗教は都会を離れ、自然に還り、世界平和に貢献する本来の働きを遂行する時期に来ていることを詳述。[生長の家発行 日本教文社発売]

谷口清超著 ¥838
「人生学校」はすばらしい
人間は何のために生まれてきたか？ それは「人生学校」で魂を向上させるためである。著者は、誰もが「人生学校」を明るく楽しく有意義なものにするための道をやさしく紹介する。

谷口清超著 ¥1257
輝く未来が待っている
勉強、友情、男女交際、父母、神様等、青少年や若者にとって身近な問題をテーマに、大切なものは何かを詳解。朗らかに楽しい気持ちで努力することが、輝く未来を引き寄せると教示する。

谷口雅春著 ¥1394
青年の書
青年よ、夢を描け！ 青年よ、言葉の力を修練せよ！ 青年よ、永遠に進歩する人となれ！ 著者の全生涯をかけて体得した成功の心理学を公開。読む人を奮い立たせずにはおかぬ書。

谷口雅春著 ¥2420
人生は心で支配せよ
谷口雅春著作集10
毎月の黙念法、運命を支配する法則を如何に行使すべきか、個人の心と宇宙の心など、思想篇と方法篇に分けて神・人・心の本質を解明。ホルムスの訳書を新境地により全面的に書き直した。

谷口純子著 ¥1100
森の日ぐらし
本当の豊かさとはなんだろう。それは遠くにある得難いものではなく、私たちのすぐ側にあるかけがえのない日常にあることを、八ヶ岳南麓の森で暮らす著者が語ります。 [生長の家発行 日本教文社発売]

谷口純子著 ¥916
この星で生きる
平和な未来をつくるあなたへ。物事の明るい面に焦点を合わせる日時計主義の生活や、自然と調和した未来をつくる生き方を著者自身のエピソードとやさしい語り口で紹介。[生長の家発行 日本教文社発売]

株式会社 日本教文社 〒107-8674 東京都港区赤坂9-6-44 電話03-3401-9111(代表)
日本教文社のホームページ https://www.kyobunsha.co.jp/
宗教法人「生長の家」〒409-1501 山梨県北杜市大泉町西井出8240番地2103 電話0551-45-7777(代表)
生長の家のホームページ http://www.jp.seicho-no-ie.org/
各定価(10%税込)は令和4年11月1日現在のものです。品切れの際はご容赦ください。